MÁLAGA
INDUSTRIAL

Lorena López

MÁLAGA INDUSTRIAL

A Málaga, mi Málaga.

PRÓLOGO

Con la derrota de los ejércitos napoleónicos y la expulsión de José Bonaparte, Napoleón le devolvió el trono a España con el Tratado de Valençay). Sin embargo, pronto se reveló como un soberano absolutista y uno de los que menos satisfizo los deseos de sus súbditos, quienes le consideraban sin escrúpulos, vengativo y traicionero.

Rodeado de una camarilla de aduladores, su política se orientó en buena medida a su propia supervivencia.

Entre 1814 y 1820 restauró el absolutismo, derogando la Costitución de Cádiz y persiguiendo a los liberales.

José María Torrijos, el general liberal que protagonizó el ultimo intent por derrocar al regi-men absolutista de Fernando VII en 1831, estable-ció en Málaga su campo de operaciones. Desde su desembarco en la playa de El Charcón (en La Cala de Mijas) hasta el mismo momento de su ejecución en la playa de San Andrés, intentó liberar a la ciudad e impregnarla de sus ideas, acompañado de 48 liberales.

Aquel intento golpista quedó en el recuerdo de la ciudad y más tarde enterrados bajo el obelisco en su honor en la Plaza de la Merced.

Málaga fue una ciudad pionera en la Península con el inicio de la

Revolución Industrial, llegando a ser la primera ciudad industrial de España.

El segundo tercio del siglo XIX, fue para Málaga una gran época: brillante, próspera y de gran dinamismo económico, merced a la reactivación de sus tradicionales actividades mercantiles y un despliegue industrial que la situará en los primeros puestos de España en lo que a actividades manufactureras se refiere.

La capital y algunos puntos de la provincia, experimentaron notables transformaciones de signo modernizador.

Numerosos viajeros que durante estos años llegaron a esta tierra, dejaron constancia de los cambios aludidos y creyeron que el progreso económico había echado raíces en el Sur de la Península.

En transporte y comunicación, se desarrolló sobretodo el ferrocarril, con líneas como: Málaga-Álora, Málaga-Cártama y Málaga-Córdoba. Con la desamortización y el derribo posterior de viejos edificios eclesiásticos, la ciudad ganaría nuevos espacios para su crecimiento.

A partir de 1834, la ferrería de Manuel Agustín Heredia, entra en una fase de gran actividad, que la llevaría a situarse en poco tiempo a la cabeza de la producción nacional del hierro.

Las actividades mercantiles también tuvieron un importante incremento. El sector textil experimentó un inusual Desarrollo debido a la familia Larios.

Otros nombres extranjeros que destacan en Málaga son: Loring, Huelin, Crooke, Sáenz, Gross, …

Con una economía en expansión, todos los sectores necesitaban un apoyo firme que no fuera el de los prestamistas, y en 1854, se consiguió crear el Banco de Málaga, aunque se configuró como un  instrumento de los grandes capitalistas de la ciudad y de la provincia.

1. LA CONSTANCIA

Hablar de la fábrica "Ferrería La Constancia", es hablar de Manuel Agustín Heredia, fundador de dicha fábrica en 1834.

Manuel Agustín Heredia Martínez (Rabanera de Cameros, La Rioja, 4 de mayo de 1786 – Málaga, 14 de Agosto de 1846) fue un empresario  industrial y comerciante español, pionero e impulsor de la Revolución Industrial en España.

Originario de Rabanera de Cameros, se trasladó a Málaga a la edad de quince años, donde trabajó como dependiente de comercio en Vélez-Málaga.

Sus primeros proyectos empresariales comenzaron en 1808 durante la Guerra de Independencia en Gibraltar, relacionados con el comercio de los frutos secos, el vino y el mineral de graffito de Benahavís.

En 1813 se casó con Isabel Livermore Salas, cuñada del marqués de Salamanca. En 1826 creó junto a otros comerciantes la Sociedad "La Concepción" en Marbella, dando lugar a los primeros altos hornos de España, que se emplearon para la producción de hierro colado.

Aunque la Fundación de esta fábrica es algo más compleja que cualquiera de las que se instalaran en los años siguientes, ya que estamos hablando de unos altos hornos, aunque estos no fueron verdaderamente los primeros altos hornos que se instalaron.

Fueron los primeros en Málaga. Se tiene constancia de que Manuel Agustín Heredia, en sociedad con otros adinerados, formaron una sociedad para montar una ferrería y poder sacar el mayor beneficio, por lo que decidieron, y aprovechando que el gobierno les daba carta libre para explotar las minas, montar una ferrería en Marbella, para lo que no escatimaron en medios, ni en dinero para llevarla a cabo, pensando en que los beneficios serían grandes.

Los primeros productos salidos de esta ferrería, a la que pusieron el nombre de "La Concepión", eran de una calidad excelente, pero descubrieron que la afinación al estilo de la walona no conseguía sacar hierro en bastante cantidad para que los beneficios superara a lo invertido.
Visto esto, los socios que formaban la sociedad y Manuel Agustín Heredia, estaban muy descontentos y pensaron en abandonarlo todo.

El sistema de afinación a la inglesa estaba dando muchos más beneficios en los países donde se usaba. Este fue el momento en que se decidió que había que probarlo.

Comenzar el montaje de la fábrica "La Constancia" era una tarea complicada, ya  que se dieron cuenta que el carbon y el hierro necesitaban venir de lejos y que el traslado hasta la fábrica debería ser el mínimo. Por eso, optaron que estuviera cerca del mar y fuera de la ciudad, para que nada afectara a la población.

Se configuraba así el complejo Marbella-Málaga, desde el que se desarrolló una expansion que llegó hasta Almería, Huelva y Sevilla. A partir de este eje malagueño, se produjo el crecimiento de la industria del hierro. Mantuvo la primacia en España.

Durante otros tres años, hasta el ejercicio 1890-1891, prosiguió la obtención de hierro dulce en el otro establecimiento de Heredia, "La Constancia", mediante el afino de lingote traído ahora de Vizcaya.

En 1862, había cerrado "El Ángel"; en 1884, lo hizo "La Concepción"; en 1891, "La Constancia", y "El Pedroso", de Sevilla, en 1888. En todos los casos (con excepción de "El Ángel", que desapareció antes),

1865 había marcado el límite. Así en la década 1860-1870 se pasa de la plenitud a la crisis, comenzando en el segundo quinquenio la desindustrialización siderúrgica malagueña y andaluza en general.

En esta perspectiva, 1860-1861 constituye una coyuntura expansiva, eufórica y esperanzada (aunque el descenso del número de operarios de "El Ángel" a 250 es ya señal de sus problemas, que le harán cerrar en 1862). Nada parece indicar que es el tramo final de una expansión, que casi de inmediato, a partir de 1865, flexionara hacia la depresión.

Junto a los dos subsectores (siderurgia y textil algodonero), había en Málaga otras empresas, exponentes de la modernidad industrial de la capital en el comienzo de los sesenta.

Cabe referirse a la fábrica de abanicos de don Francisco Mitjana, nacida en 1825 y ampliada en 1830 a la producción de litografías y envases para pasas.

Por otra parte, a la de productos químicos, fundada también por Heredia, pieza necesaria en una estructura industrial "moderna".

Por último, a la empresa azucarera, muestra de la fuerte presencia de este subsector en la provincia.

Otras más había, aunque en la mayoría de los casos eran más manufacturas artesanas, que factorías industriales. Es de señalar, porque es el punto final de lo que fue una secular y rica producción, la mortecina industria sedera, con unos 45 ó 50 telares en Málaga hacia 1860.

Málaga se presenta como un complejo mundo fabril, en un momento histórico de plenitud, Está viviendo, en este 1860-61, la cresta del crecimiento que cubre el segundo tercio del XIX.

La década de los sesenta culmina, así, un proceso de expansión y, a la vez, abre el camino a otro de depresión, que mostrará sus primeros perfiles en los últimos años del decenio.

De un lado, la crisis general española finisecular; de otro, los múltiples problemas estructurales internos de la economía malagueña, agudizados por la depresión de los ochenta y noventa; en tercer lugar, las dificultades para la financiación de las empresas, su progresiva descapitalización, con todos sus corolarios; y, finalmente, el afianzamiento de sus competidores industriales. Éstos fueron los factores que dieron lugar al complejo y debatido proceso de desindustrialización malagueña; los que condujeron al ocaso con el que éste se cierra.

En 1833 el mismo Heredia levantó en Málaga, en las playas del Carmen, la ferrería "La Constancia", por el sistema de afinación a la inglesa, trayendo para ello maquinaria y operarios ingleses.

Las razones que le movieron a ello fueron, de un lado, la necesidad de conseguir fletes menos caros y de eliminar arrastres; de otro, el deseo de controlar mejor el negocio y la mayor disponibilidad en Málaga de mano de obra.

Quedó la fabricación dividida en dos partes: en Marbella, la fundición del mineral en hornos altos para obtener hierro colado; en Málaga, el moldeo del hierro fundido, la afinación, forjado, recalentado y pasado por los cilindros.

En la década de 1930, el fracaso en la formación de una sociedad mixta hispano-belga, para constituir un complejo con el hierro vizcaíno y el carbón asturiano, más el estallido de la guerra carlista, que paralizó la actividad de las forjas tradicionales de las zonas pirenáica y cantábrica, hicieron posible la expansión de las fábricas malagueñas, y hacia 1840, Heredia no solo era "el más importante ferretero español", sino también "el más destacado empresario de la península".

A mediados de la década de 1940, en "La Constancia" trabajaban unos 2.500 operarios y había seis máquinas de vapor y tres ruedas hidráulicas.

Se consumían anualmente unos 400.000 Qm. de carbón y abundante cantidad de materias primas, generando una producción que se vendía en España y en el extranjero.

En 1841, Juan Giró (del comercio de Málaga), creo la ferrería "El Ángel", a imitación de Heredia, y adoptando sus mismos sistemas de fabricación: tres altos hornos de carbón vegetal en Marbella para la fundición y obtención de hierro colado.

2. FÁBRICA TEXTIL

Industria Malagueña S.A. fue una empresa textil fundada en 1846 por las familias Heredia y Larios en Málaga, España.

La fábrica estaba situada en el camino de Churriana (en el actual barrio de Huelin) y estaba destinada a la fabricación

de hilados y tejidos de algodón, lino y cáñamo.

En sus instalaciones disponía de talleres con telares mecánicos y husos de selfactina, oficinas, almacenes e incluso viviendas para los empleados en sus proximidades.

La empresa fue la primera gran industria textil andaluza. En la fábrica trabajaron hasta 1.500 personas, la mayoría mujeres, llegando a ser el segundo establecimiento de su clase en España.

El éxito de la primera fábrica algodonera hizo que unos años después abriera una segunda fábrica, La Aurora, propiedad de los Larios, que funcionó hasta que la crisis agraria y la competencia catalana provocaron su desaparición en 1905.

Hablemos de uno de sus fundadores: Martín Larios y Herreros de Tejada. Nacido el 11 de noviembre de 1798, fue un empresario e industrial español, primer marqués de Larios, senador del Reino.

Su padre, Pablo Larios, comerciante ganadero camerano viudo de dos matrimonios, primero de Manuela de Llera y después de Gregoria Herreros, y con varios hijos, se establece en Málaga alrededor del año 1800.

A la muerte de su padre, la familia se escinde. Se marcharon a Cádiz y Gibraltar él y su hermano Pablo, permaneciendo en Málaga los otros dos vástagos: Manuel Domingo Larios de Llera y Juan Larios Herreros.

La primera iniciativa económica del clan Larios fue la sociedad de comercio creada por Manuel Domingo Larios Llera y Hermano; en cambio, Pablo y él llevan a efecto dos entidades mercantiles: "Larios Hermanos" y "Martín Larios, Lasanta y Compañía", la primera con sede en Gibraltar y la segunda en Cádiz. Dichas sociedades produjeron dividendos, orientadas principalmente hacia el crédito monetario.

Su hermano Manuel Domingo Larios de Llera fallece en Málaga el 19 de mayo de 1830 y, como consecuencia de ello, él regresa a

Málaga constituyendo una nueva entidad bajo la denominación de "Larios Hermanos y Cia".

Al principio, Martín Larios crea comercios, pero en la década de 1840 da el gran salto a la industria azucarera y textil.

Los Larios, que tenían muchos contactos en In-glaterra y Francia, adoptaron el modelo de industria textil de la revolución industrial británica e incluso contaron con técnicos ingleses para con-struer las fábricas de algodón de la provincial.

Las dos grandes empresas de Martín Larios (Industria Malagueña S.A., inaugurada en 1846; y La Aurora, inaugurada en 1856), que luego continuó su hijo Manuel Domingo, continuaron existiendo hasta 1905 y 1970 respectivamente.

Así mismo, Martín Larios se involucró en el que fuera uno de los primeros proyectos de ferrocarril de España en 1851, la línea Córdoba-Málaga, aunque las obras y los trámites administrativos se hicieron de rogar.

El tren con Córdoba, finalizado en 1866, pretendía buscar una salida a la falta de carbon mineral en Málaga, uno de los grandes problemas que frenaban la industria malaguena. Desgraciadamente, cuando llegó carbon mineral a Málaga, los productos textiles catalanes y vascos ya eran más competitivos.

La posición de poder de Martín Larios y su fa-milia en la sociedad malaguena de la época y su visión emprendedora, retroalimentaron su papel en la economía de la ciudad.

En 1865, Martín Larios recibió el título de Marqués de manos de Isabel II como reconocimiento a sus méritos laborales.

Los Larios tuvieron una traumática experiencia cuando una serie de obreros que trabajaban en las fábricas del marqués, rodearon el palacio de la familia (donde ahora se ubica el edificio de La Equita-tiva), durante la revolución La Gloriosa en 1868.

La familia tuvo que huir por el tejado y decidió abandonar España, situando su residencia en París.

A pesar de estar lejos de su tierra, la familia estuvo en contacto con sus negocios hasta que el título de marqués cayó sobre familiares residents en Málaga.

Falleció en París el 18 de diciembre de 1873. Sus restos llegaron a Málaga el 14 de enero de 1875 y tras el funeral oficiado en la Catedral de Málaga, fueron conducidos al Asilo de las Hermanitas de los Pobres en el barrio de El perchel, que él mismo construyó antes, donde recibió sepultura.

Los Larios invirtieron en casi todos los sectores económicos, tanto en la industria como en el comercio, compraron terrenos y negocios, y ejercieron de prestamistas; incluso fueron socios fundadores del Banco de Málaga en 1856 para dar sostén financiero a todas sus empresas.

Tuvieron fábricas de aceites y jabones en El Perchel. La diversificaión en sus inversions impidió que la familia se empobreciera pese a las pérdidas de la industria azucarera y textil.

A mediados de siglo pasado, el sector textil malagueño contaba con destacadas empresas que hacían que esta actividad tuviera una gran importancia en el tejido industrial provincial.

Punto Industrial, asentada en Alhaurín de la Torre desde 1965 fue una de ellas, llegó a ocupar una superficie de 13.384,35 metros cuadrados y daba cientos de puestos de trabajo tanto directos como indirectos. En un primer momento se limitó su producción a la confección de combinados.

Progresivamente la empresa fue creciendo hasta ocupar varias naves industriales donde se instalaron las distintas actividades que llegaron a completar el proceso completo de la fabricación del tejido. En esos momentos su plantilla laboral era de 612 empleados.

La empresa tenía sucursal en La Roda de Andalucía (Sevilla) y en Santaella (Córdoba). Con la filial

Condisa, se encargaba de la elaboración de prendas militares para el antiguo Ministerio del Ejército. Completaba su organigrama industrial con distintas alianzas industriales en otras tantas cooperativas de Málaga y provincia y otros lugares de la geografía de Andalucía.

Su crecimiento fue espectacular y a mediados de los años setenta del pasado siglo registraba un volumen de facturación media de 1.700 millones de pesetas. Sus prendas llegaban a más de veinte países.

Desde sus orígenes, Punto Industrial no dejó de adquirir maquinaria de última generación, de utilizar sistemas informáticos y de robótica en sus procesos de fabricación, lo que le hizo merecer destacados galardones, premios y menciones tanto por su alta calidad en la confección de sus productos como por su nivel de competencia y grado de excelencia alcanzado.

Sin embargo, Punto Industrial no fue insensible a los procesos económicos acaecidos en la década de los ochenta del pasado siglo. La crisis energética de los años setenta, marca el punto de inflexión de este crecimiento. La empresa se vio en la necesidad de aplicar distintos expedientes de regulación de empleo, que concluyeron en la quiebra y cierre definitivo de Punto Industrial en 1982.

Desde sus inicios contó la fábrica con la maquinaria más moderna:

selfactinas, telares mecánicos, máquinas para cardar, máquinas para el blanqueo.

En 1885 los Larios introdujeron los telares Jacquard para producir tejidos estampados.

Por estos años, Industria Malagueña, S.A. daba trabajo a 2.000 operarios, principalmente a mano de obra femenina.

Industria Malagueña, S.A. iba a ser un referente en las luchas del movimiento obrero malagueño.

En 1890 y 1894 se produjeron conflictos laborales. En estas fechas los obreros de la fábrica ya estaban organizados y formaban parte del Socialismo y del sindicato UGT. Ambos conflictos acabaron en fracaso y en ellos fueron encarcelados los líderes sindicalistas Rafael Salinas y Pablo Iglesias.

El desarrollo del sector textil en España durante el siglo XIX se produjo en la industria algodonera que modernizó y adoptó los adelantos de la época para convertirse en un sector clave de la Revolución Industrial.

Málaga y Barcelona fueron las dos áreas geográficas más dinámicas de la moderna industria algodonera. Nuestra ciudad rivalizó con Barcelona al menos hasta 1880 y se mantuvo muy por delante de los demás focos textiles del país.

Industria Malagueña S.A. es uno de los símbolos de la industria de nuestra tierra durante el siglo XIX. Su apertura en 1846 fue iniciativa de Manuel Agustín Heredia si bien, los verdaderos protagonistas fueron la familia Larios dirigiendo la fábrica desde un año después de su entrada en funcionamiento.

La fuerte competencia de las telas catalanas unido a la pérdida de colonias de ultramar a finales de siglo XIX hacen que el sector entre en una profunda crisis. Con el inicio del siglo XX llegó la decadencia del sector algodonero en Málaga.

A partir de 1918 se desplomó la importación de algodón en rama por parte de la Industria Malagueña. El cierre definitivo se produjo en el año 1970.

La Aurora fundada por Carlos Larios, sobrino de Martín Larios en 1856 fabricaba tejidos de algodón y, en menor medida, de lino y cáñamo, estaba dotada con la tecnología más avanzada y en 1862 contaba con 350 telares movidos por dos máquinas de vapor y daba trabajo a unas 800 personas. En los años ochenta del siglo XIX modernizó su equipamiento, pero no pudo superar la crisis de fin de siglo y se vio obligada a cerrar en 1905.

3. FÁBRICA DE AZÚCAR

La antigua azucarera del Tarajal se trata de una fábrica de azúcar  construida en 1930 por la familia Larios, en la vega del Guadalhorce, en el actual distrito de Campanillas.

El edificio está considerado uno de los edificios de mayor relevancia arquitectónica del pasado industrial de la ciudad y uno de los mejores ejemplos de la arquitectura industrial andaluza.

Fue construida en ladrillo visto y tiene planta en forma de H. Las fachadas están rematadas con frontones triangulares y los vanos son de medio punto, lo que le confiere un aspecto clasicista. El conjunto lo completan una chimenea y un depósito de agua de hormigón. La chimenea tiene 90 metros de altura y fue fabricada en Fráncfort del Meno.

4. FÁBRICA DE CHOCOLATE

"López Hermanos" incorporó a su fábrica los últimos avances de la industrialización.

La forma de producción industrial también influye en su comercialización de un chocolate que se vende por toda España y dispone de depósitos en muchas provincias y en las principales capitales. Esta distribución nacional propicia que fuera una de las primeras fábricas de chocolates de las existentes en España que comercializara su propia marca.

En 1888 amplió la producción a bizcochos y galletas. Se quemó varias veces y varias veces cambió de dueños.

Su trayectoria riojana inicial en manos de 'López Hermanos' termina cuando en 1902 pasó a Leovigildo García y luego a su viuda.

Según el Archivo Histórico Provincial de Málaga: El 1 de marzo de 1886 Antonio y Miguel Gómez Cano crearon la Compañía Hijos de Antonio J. Gómez, sociedad que tenía como la compra y venta de frutos del país.

En 1893 esta Compañía compró a la Sociedad López Hermanos y Compañía la ce-sión de una empresa para la fabricación y elaboración de chocolates á que entonces se dedicaba para un período de 23 años, así como la marca La Riojana que usaba la Compañía López Hermanos para distribuir chocolates.

La Riojana era un edificio fábrica de chocolates situado en la calle de los Mármoles de esta ciudad, distinguido con el número cinco de la manzana ciento setenta y dos y con fachada a dicha calle y otra a la del Peso de la Harina hasta terminar en terrenos de la Huerta de Barragán, que fue del Condado de Villalcazar duques de los señores hijos de M. Larios y terrenos de la fábrica azucarera de la Concepcion perteneciente a la Sociedad azucarera Larios.

La fábrica fue cedida con maquinarias de vapor, calderas, transmisiones y cuanto constituye la fábrica de chocolates con sus accesorios

mobiliario enseres, un carro, un caballo y el entablamiento deposito de chocolates existente en la planta baja de la casa número treinta y cuatro de la calle de San Juan.

Hay que tener en cuenta que hasta la primera década del s.XX el chocolate era la bebida nacional, como hoy es el té en Inglaterra, por lo que atendiendo a su elevada cuota de mercado, se puede afirmar que "chocolates La Riojana" fue una industria importante a la que otros fabricantes de chocolates intentaron imitar.

Se especula que en sus mejores momentos, traba-jaban en la fábrica movida con motores a vapor 80 empleados y llegó a elaborar un tercio del chocolate español, además de cinco tipos de cafés.

Para su distribución disponía de sus sucursales principales de Madrid, Cádiz, Sevilla y de una red de más de 3.000 depósitos repartidos por toda la geografía española.

Además de los chocolates, cafés y posteriores caramelos de la marca 'La Vienesa' , destacó por sus cromos y postales verdaderamente únicas. Eran litografías de gran calidad que llevaron el nombre de 'La Riojana' por todos los hogares españoles dando a conocer paisajes y estampas de España, además de otros temas.

La marca 'La Riojana' se registra al amparo de la nueva normativa en

1895 por Antonio Miguel y Miguel Ángel Gómez Cano, como únicos socios de la Razón social 'Hijos de Antonio J. Gómez'.

Tras su litigio con el Registro de patentes y marcas, por no aceptar el traspaso de la marca caducada en 1903, se le concede este derecho a Leovigildo García que, además también registra la tableta de chocolate con el nombre grabado en sus onzas de "La Riojana".

Ese mismo año, Asensi y Rasch registran la marca "La riojana alavesa" (en la que incluyen el escudo de Logroño) y posteriormente realizan un primer intento fallido de registrar los nombres de "La Riojana", "El Riojano" y "La Rioja" y el modelo de papel de tableta y la chocolatina que por entonces se pretendía comercializar con el nombre de "Eugenio Rasch (La Riojana)".

Finalmente en 1907 a Asensi y Rasch se les concede la titularidad de estas marcas llamándose la fábrica de chocolates 'La Rioja'.

5. FÁBRICA DEL TABACO

La Tabacalera es el nombre por el que localmente se conoce a la antigua Real Fábrica de Tabacos de Málaga (España). Está situada en el distrito Carretera de Cádiz, junto a la playa de la Misericordia.

La industria del tabaco ya había tenido sus antecedentes en Málaga con la instauración de la Real Fábrica de Tabacos en el Palacio de la Aduana entre 1829 y 1839.

Cánovas del Castillo adjudicó con una Real Orden en 1884 la creación de una fábrica en La Malagueta, pero tras su asesinato, esta medida se dio por perdida.

Tras la Primera Guerra Mundial aumenta la demanda y el Estado autoriza a Málaga, Sevilla, Barcelona, Badajoz y Tarragona a producir tabaco en 1922.

Se eligió la llamada Huerta de San Rafael para la construcción de once pabellones entre 1923 y 1927 por la Compañía Tabacalera, con el mismo proyecto que en la ciudad de Tarragona y los mismos arquitectos, aunque no comenzó a funcionar hasta 1932.

Es de estética regionalista con elementos renacen-tistas, una corriente artística decimonónica en respuesta a una búsqueda de identidad arquitectónica nacional.

El 21 de diciembre de 2002 se cerró la fábrica de tabacos y en 2004 pasó a titularidad pública y municipal del Ayuntamiento de Málaga.

Tras una restauración, el 17 de septiembre de 2007 se abrió al público el Organismo Público de Gestión Tributaria (Gestrisam) que estaba dividido en diferentes edificios y se unificó en uno de los antiguos secaderos de la Tabacalera para facilitar el uso ciudadano.

En el edificio principal se abrió el Museo Automovilístico de Málaga el 16 de septiembre de 2010 tras unos años de obras.

También estuvo ocupado entre 2012 y 2016 por el Centro de Información y Control del proyecto hispano-japonés de movilidad eléctrica Zem2ALL.

Desde el 25 de marzo de 2015 alberga la sede de la Colección del Museo Ruso San Petersburgo Málaga, así como el Polo de Contenidos Digitales desde el 6 de junio de 2017.

6. FÁBRICA DEL GAS

La Málaga de mediado del siglo XIX, era una ciudad que poco a poco iba

creciendo, y con ello, sus problemas y sus necesidades. Una de ellas era la del alumbrado de algunas partes de la ciudad para que no fuera una ciudad oscura.

Antiguamente las ciudades utilizaban el fuego para alumbrarse, hasta que descubrieron el gas y sus utilidades, y es este gas, el que más tiempo estuvo alumbrando nuestras calles hasta la llegada de la electricidad.

En 1852, la primera fábrica de gas para alumbrado público en Málaga se instala en el camino san rafael (actual paseo de los tilos).

Su primer propietario fue Luis Gosse. Este consigue ser proveedor de gas para el alumbrado de la ciudad de Málaga. La duración del compromiso con el Ayuntamiento para el alumbrado de las calles y plazas se fijó en 20 años, a un precio de tres maravedíes por luz y hora.

Se instalaron para el alumbrado 1826 farolas. Finalizada la guerra civil, desaparece el alumbrado público por gas en Málaga.

www.ingramcontent.com/pod-product-compliance
Lightning Source LLC
Chambersburg PA
CBHW071449150726
48000CB00006B/2502